SEMPRE ALEGRE E ANIMADA,

SARAH ADORA CANTAR MÚSICAS PARA O SENHOR.

DAVI ESTÁ SEMPRE PRONTO PARA SE DIVERTIR COM OS **AMIGOS.**

ELE SABE QUE DEUS ESTÁ EM TODO O LUGAR E VAI SEMPRE O ACOMPANHAR.

MIGUEL DESCOBRIU QUE JESUS É O NOSSO MELHOR AMIGO!

COM MUITA MÚSICA,

ELE RECARREGA A FÉ.

JUNTOS, ELES DESCOBRIRAM 3 PALAVRINHAS MUITO ESPECIAIS:

DEUS É AMOR